AF250490

LE NOUVEAU CRI

DE LA VÉRITÉ,

OU

IL ÉTAIT TEMS;

Par M. C. de St-E...

Illi pro Deo et Rege, isti pro
falsis numinibus pugnant.

Prix : 1 fr. 50 c.

PARIS.

DONDEY-DUPRÉ, PÈRE ET FILS, IMP.-LIB.,
Rue de Richelieu, n° 47 bis ;
DENTU, PALAIS-ROYAL, GALERIE NEUVE ;
PÉLICIER, PLACE DU PALAIS-ROYAL.

1829.

PARIS. — IMPRIMERIE DE DONDEY-DUPRÉ,
Rue Saint-Louis, N° 46, au Marais.

LE NOUVEAU CRI

DE LA VÉRITÉ,

OU

IL ÉTAIT TEMS.

Nous avons publié, en 1827, quelques idées sur le ministère de M. de Villèle, sur le libéralisme et ses projets, sur la licence de la presse, et la nécessité de la comprimer ; et nous nous disposions à faire imprimer la justification des jésuites, lorsque ce ministère, en rendant aux journaux toute leur liberté, lors de l'avénement du roi, a été obligé de céder à l'impétuosité des attaques dirigées contre lui.

Alors il n'a plus été possible, à dater de cette époque, d'écrire avec succès sur des matières religieuses et monarchiques ; car quel bien aurions-nous pu opérer, lorsque les ouvrages si intéressans de MM. de St.-Chamans et Cottu, les avertissemens de la *Gazette de France* et de quelques autres journaux n'ont pu préserver les derniers ministres des graves erreurs qu'ils ont commises ?

D'ailleurs les concessions de ce ministère avaient frappé de découragement tous les amis de la monarchie ; il ne s'agissait plus d'écrire, mais d'attendre l'heure du combat... Qu'on ne nous taxe pas d'exagération ! le plus funeste des systèmes avait ouvert de nouveau l'abîme des révolutions ! Encore un an peut-être, et il ne restait plus aux royalistes qu'à vaincre ou à mourir sur les marches du trône, en défendant une auguste famille qui sera toujours l'objet de leurs plus chères affections.

Le roi, prévenu des nouveaux malheurs dont la France était menacée, a parlé, et, à sa voix, les rugissemens de l'hydre révolutionnaire ont retenti d'un bout de la France à l'autre. Espérons qu'elle sera bientôt réduite à l'impossibilité de nuire, mais *il était tems !*

Les circonstances actuelles nous ont suggéré quelques réflexions que nous avons rédigées à la hâte, et nous nous empressons de les soumettre au public. Nous traiterons dans cette brochure :

1° Du dernier ministère ;

2° De l'ordre légal des libéraux ;

3° De Bossuet et des leçons de l'histoire ;

4° De la révolution de 1789, et de notre situation actuelle ;

5° Du comité directeur ;

6° De l'opinion publique créée par les journaux de l'opposition ;

7° De la véritable opinion publique ;

8° Des nouveaux ministres ;

CHAPITRE PREMIER.

DU DERNIER MINISTÈRE.

M. de Serre, dont la mémoire sera toujours précieuse à la France, avait conçu, comme nos derniers ministres, pour enlever à la révolution ses prétextes, l'honorable projet de concilier tous les partis, en faisant des concessions aux libéraux ; mais quelle fut sa surprise, lorsque encouragés par les premiers succès qu'ils avaient obtenus, ces libéraux, dont il croyait n'avoir plus rien à redouter, envoyèrent un régicide à la chambre élective ! Alors il reconnut, avec cette loyauté qui le caractérisait, qu'il s'était trompé, en voulant réconcilier la révolution avec la monarchie ; et déclara que les rênes du gouvernement ne devaient plus être confiées à l'avenir qu'à ces royalistes purs et dévoués qu'il avait si injustement considérés comme ennemis de nos institutions.

Comment un fait aussi récent a-t-il échappé au souvenir des derniers ministres, ou comment ont-ils pu se flatter d'être plus heureux que ne l'avait été M. de Serre?... Mais tirons le rideau sur des erreurs dont l'humanité ne peut pas être toujours exempte, et espérons que cette dernière leçon ne sera pas perdue pour nous ; que les fausses théories seront pour jamais abandonnées, et que, ne marchant plus à l'avenir qu'avec la Charte et les vrais amis de la monarchie, les nouveaux conseillers du roi sauront nous préserver des dangers qui menacent encore notre malheureuse patrie.

CHAPITRE II.

DE L'ORDRE LÉGAL DES LIBÉRAUX.

Lorsque M. Benjamin Constant a parlé pour la première fois d'ordre légal, beaucoup de personnes ont pensé que les libéraux voulaient enfin marcher de bonne foi avec la Charte; mais les vieux royalistes, qui ne sont pas aussi crédules, ont regardé avec raison cette nouvelle jonglerie comme un piége tendu à la multitude.

En effet, comment auraient-ils oublié ces mots magiques de *liberté*, d'*égalité*, de *fraternité*, de *philantropie*, de *constitutionnalité*, etc., etc., dont ils ont été tant de fois victimes, et qui ne furent inventés par les révolutionnaires que pour égarer le peuple, et couvrir d'un voile imposteur leur système d'intolérance et de persécution ? Tel est aujourd'hui l'ordre légal des libéraux.

Qu'on examine avec attention la conduite qu'ils ont tenue depuis deux ans ; et on reconnaîtra que, toujours fidèles à leurs devanciers, ils n'ont appelé à leur secours le soi-disant *ordre légal* dont ils nous ont gratifié que pour tromper les uns et persécuter les autres.

Le véritable ordre légal ne peut naître que de la Charte ; mais comme cette Charte, donnée par le roi-législateur pour calmer les passions, produit sur les libéraux un effet contraire, ils ont créé un ordre légal factice à l'aide duquel ils pussent, en se rapprochant du système de désorganisation qu'ils méditent, développer successivement tous leurs moyens, rompre insensiblement les digues que cette Charte leur oppose, et s'asseoir sur ses ruines.

Tel est, n'en doutons pas, le projet des libéraux. Il est donc important que les royalistes de toutes les nuances se réunissent au ministère actuel pour défendre notre indépendance, qui ne peut s'appuyer avec succès que sur la religion de nos pères, sur le trône des Bourbons, et sur la Charte ; hors de là, point de salut !

CHAPITRE III.

DE BOSSUET, ET DES LEÇONS DE L'HISTOIRE.

Lorsque des écrivains et des orateurs courageux ont parlé, avec raison, de l'imminence d'une révolution en France, les journaux de l'opposition se sont élevés contre cette vérité, et ont cherché à la combattre, suivant leur usage, par le sarcasme et l'injure.

Ces journalistes avaient sans doute leurs motifs pour éloigner par des plaisanteries ou des diatribes l'attention du gouvernement sur notre situation présente ; mais des plaisanteries et des injures ne répondent pas à des faits, et nous préférerons toujours aux forfanteries des démagogues du jour les sages conseils de Bossuet et les leçons de l'histoire.

« Ce n'est pas assez de voir, a dit le savant évêque » de Meaux, il faut encore prévoir : l'habile a vu le » mal, et s'est mis à couvert ; le mal habile a passé » outre, et a fait une grande faute. »

Si nous ouvrons les pages de l'histoire, et si nous consultons les événemens des deux derniers siècles, nous remarquons que ce fut à cette sage prévoyance que l'Europe dut son salut, parce que les rois employèrent les mesures les plus vigoureuses contre les prédicateurs de l'impiété et de l'égalité.

La fermeté de Louis XV réduisit également au silence ces sectateurs ambitieux, qui prétendaient régler les destinées du monde; mais si, sous le règne de Louis-le-Grand, le peuple français avait été le roi des peuples, il rêva, sous Louis XV, qu'il devait devenir un peuple de rois. Ce fut pour opérer cette métamorphose que le philosophisme, déjà si fier des succès qu'il avait obtenus sous la régence, détruisit insensiblement ces puissans auxiliaires de la royauté que le génie du cardinal de Richelieu avait su lui opposer; alors les sophistes et les sectaires, tout à la fois conspirateurs et protégés, répandirent impunément les semences de l'anarchie.

La révolution anti-religieuse qui s'était opérée sous Louis XV avait ébranlé la monarchie. Les plus respectables résistances avaient été renversées, lorsque Louis XVI monta sur le trône de ses aïeux. Ce vertueux monarque avait sondé les plaies de la France; il vint, pour les guérir, au-devant de ses sujets avec les intentions les plus pures et la plus tendre sollicitude: mais l'heure de la révolution avait sonné; et les généreux efforts qu'il fit pour l'arrêter furent inutiles. Assis sur un volcan dont l'éruption avait été calculée, la discorde et l'impiété agitèrent partout leurs flambeaux, la France en fut embrasée, et on vit bientôt s'écrouler le plus beau trône de l'univers.

Enfin le meilleur des rois monta sur un échafaud dressé par le crime pour expier, comme le Sauveur du monde, les forfaits de son peuple, et effacer de son sang les blasphêmes qu'une faction effrénée avait écrits et proférés contre les puissances du ciel et de la terre.

Français qui n'avez pas été témoins de cette horrible catastrophe, réfléchissez un peu sur les causes qui l'ont produite, et n'oubliez jamais que, « lors- » qu'une religion qui prescrit d'honorer la personne » des Césars, de respecter leur dignité, de les re- » garder comme les ministres du Très-Haut, et de » leur être soumis par devoir de conscience, est mé- » prisée, » les révolutions se répandent comme des torrens dévastateurs qui entraînent dans leur course rapide les monarques, les peuples, et même les au- teurs de ces désastres ; car il est une justice divine qui n'excuse pas plus la faiblesse des rois que l'im- péritie de leurs ministres et la révolte de leurs su- jets.

Telles sont les terribles vérités que nous offre l'his- toire; et, si on les rapproche des faits qui se passent sous nos yeux, on conviendra du moins qu'il était tems d'invoquer les sages précautions conseillées par Bossuet, et qu'il faudrait être plus que simple pour s'en rapporter aux fallacieuses promesses des libé- raux.

CHAPITRE IV.

DE LA RÉVOLUTION DE 1789, ET DE NOTRE SITUATION ACTUELLE.

Les causes qui ont enfanté la révolution de 1789 se reproduisent avec une ressemblance si visible, qu'il faudrait être tout-à-fait aveugle pour en douter.

En effet, nous avons vu à cette époque des orateurs démagogues, des journaux incendiaires, des émeutes populaires, et des décrets subversifs de la religion de nos pères et de la puissance du monarque. Que voyons-nous aujourd'hui ?

D'abord les droits de la religion et ceux de la Charte ont été constamment attaqués, depuis deux ans, par des orateurs et des publicistes que de sinistres antécédens ont rendus trop célèbres par leur antipathie pour la religion de l'état et les Bourbons. Les funestes maximes qui ont appelé pendant vingt-cinq ans tous les fléaux sur la France ont été renouvelées et accréditées : enfin, la souveraineté du peuple, fille de l'anarchie, a soulevé sa tête hideuse ; elle s'est reproduite sous toutes les formes pour imposer des lois destructives de l'autorité du monarque.

Que dirons-nous de ces journaux qui attaquent,

avec une impudeur toujours croissante, ce qu'il y a de plus sacré et de plus respectable ; qui frappent de scepticisme tout ce qui est vrai ; déclarent vrai tout ce qui est faux, et remettent en problème jusqu'aux doctrines politiques consacrées depuis la restauration par nos institutions? Ne ressemblent-ils pas, sous tous les rapports, à ceux qui parurent en 1789, et qui, comme ces oiseaux précurseurs des orages, présagèrent la plus horrible tempête ?

On vit encore, à cette époque, des *clubs* s'établir sur toute la surface de la France, où s'assemblaient *les frères et amis*. Aujourd'hui, le nom de ces réunions est changé. Un comité directeur, séant à Paris, et nomade par prudence, décerne ses mandemens, par des courriers ou par ses journaux, à des comités inférieurs qu'il a établis dans tous les départemens, et même dans les campagnes, pour les faire exécuter.

On sait que les révolutionnaires ont fait, en 1789, avant d'employer les grands moyens, l'essai des forces populaires : alors des émeutes furent organisées ; et, comme elles ne furent que faiblement réprimées, le peuple se déclara *souverain*. N'avons-nous pas vu les libéraux tenter la même épreuve, et l'autorité n'a-t-elle pas été accusée, comme autrefois, d'avoir fait *massacrer* des citoyens *paisibles*, lorsqu'elle n'a sévi que contre des rebelles dont la révolte était constante et démontrée ?

Enfin, quelques lois et ordonnances, rendues depuis deux ans, attestent plus encore l'imminence d'une nouvelle révolution; car les libéraux n'ont pas cessé d'imiter, en attendant mieux, cette fameuse assemblée constituante, qui, par ses décrets sacriléges, accéléra la chute de l'autel et du trône.

Les ordonnances des 21 avril et 16 juin 1828 ont privé le clergé de l'influence salutaire qu'il exerçait sur la jeunesse par l'instruction publique.

La religion et l'éducation ont perdu leurs plus utiles auxiliaires; et depuis, la philosophie a été proclamée *l'autorité des autorités*, et *la lumière des lumières.*

Alors, évêques, jésuites, religieux de toute espèce et missionnaires de l'intérieur ont été sacrifiés à leurs plus implacables ennemis.

Des fonctionnaires royalistes, dont les services attestaient le dévouement, ont été destitués et remplacés par des transfuges qui, par leur défection, ont décuplé les forces du libéralisme.

La Charte a été violée par la nouvelle loi sur les élections.

Celle qui a été rendue sur la liberté de la presse, beaucoup trop indulgente, à raison de la dépravation du siècle, rappelle cette boîte de Pandore, qui renfermait les élémens de tous les maux.

Grâce à cette loi protectrice de tous les excès, il n'a été question, depuis un an, que de l'omnipotence de la nation, de celle des journaux, et de celle des électeurs.

Le personnel et le matériel de la révolution sont arrivés avec les projets de loi départementale et municipale. La souveraineté du peuple est entrée avec les libéraux dans les élections ; le libéralisme a introduit les jacobins et les hommes des cent jours dans la chambre élective, pour légitimer l'anarchie et l'usurpation.

Enfin, que dirons-nous des hommages soi-disant spontanés, rendus à M. de La Fayette, dans l'est de la France ; de cette ovation arrêtée quinze jours d'avance, à laquelle tous *les frères et amis* ont été priés de concourir pour fêter le *héros* des deux mondes, le vétéran de l'anarchie, celui qui feignit de dormir, dans la nuit du 5 au 6 octobre, lorsque le Roi et son auguste famille étaient exposés aux outrages d'une populace effrénée, et qui a proclamé *que l'insurrection était le plus saint des devoirs ?*

Que faut-il de plus pour présager l'imminence d'une révolution en France, et surtout lorsqu'elle est si visiblement organisée par la puissance occulte dont nous allons parler dans le chapitre suivant.

CHAPITRE V.

DU COMITÉ DIRECTEUR.

Les journaux de l'opposition ont grand soin de nier l'existence d'un comité directeur ; mais il faudrait être tout-à-fait stupide pour ne pas la reconnaître par l'influence qu'elle exerce sur toute la France. D'ailleurs, que les journaux à sa solde répondent aux questions suivantes :

N'est-ce pas à ce comité directeur que les électeurs doivent le mode *des scrutins préparatoires ?*

N'est-ce pas encore lui qui a signalé ses candidats, lors de la réélection des députés du département de la Seine ?

Tous les députés qu'il avait désignés ne sont-ils pas sortis triomphans de l'urne électorale ?

N'est-ce pas encore ce comité directeur qui a établi dans tout le royaume des comités auxiliaires d'élection auxquels il a prescrit les mêmes moyens, et ces comités auxiliaires n'ont-ils pas obtenu partout les mêmes résultats ?

N'est-ce pas lui qui a prescrit à ces comités le concours des arrondissemens ruraux avec les libéraux du chef-lieu ?

Ne sait-on pas qu'en 1828, les électeurs de l'arrondissement de Dieppe ont refusé de se soumettre à cette mesure, et qu'ils ont arrêté qu'il ne serait fait que *des scrutins cantonnaux préparatoires ?*

Le comité directeur ne s'est-il pas empressé de déclarer par les journaux, que cette *invention* était *malheureuse* à tous égards ; que cet excès de précaution allait contre son but, et que c'était une *imprudence ?*

Son plus fidèle interprète n'a-t-il pas commenté cette décision, en novembre 1828, par ces phrases remarquables ? « Les élections, disait-il, ne sont » bonnes que par la contagion des masses. Il est né- » cessaire que le vote parte-d'une masse émue par » la sympathie et par le froissement physique. » Nous avouons de bonne foi que nous n'entendons rien à ce galimathias; mais ce qui suit est plus clair :

« Sans cela, ajoutait ce journaliste, on n'enver- » rait pas à la chambre des hommes *historiques*, re- » commandables par des talens et des *bons sou-* » *venirs.* »

Il est fâcheux pour le comité directeur que ces hommes *historiques*, qui rappellent de si *bons sou-* *venirs*, n'aient été choisis que parmi ceux qui ont donné des gages à la république et à Bonaparte; que cette preuve se soit encore confirmée depuis l'installation du nouveau ministère; qu'enfin la précision et l'harmonie qui ont constamment existé entre les ordonnateurs et les exécuteurs de cette coupable manœuvre aient dévoilé de la manière la plus positive ses sinistres projets.

Ajoutons à ce plan de conspiration si bien combiné par cette puissance occulte, l'influence de ses journaux, et leur accord parfait sur les mensonges qu'ils publient chaque jour, le choix de ses missionnaires dans les départemens ; enfin, l'essai qu'elle fait des forces populaires pour arriver à son but ; et on reconnaîtra aisément qu'elle donne à chaque instant des preuves de son existence ; qu'elle est l'ame de la faction qui nous domine ; et qu'on doit craindre que, déjà maîtresse des élections, elle ne constitue bientôt une nouvelle convention nationale qui déciderait, en très - peu de tems, des destinées de la France ; ou qu'une scission, qui pourrait avoir lieu dans la chambre élective lors de la session prochaine, n'appelât sur la patrie des calamités faciles à prévoir.

Si ses nombreux complices cherchaient encore à prouver sa non-existence par sa prétendue invisibilité, nous leur dirions que plusieurs de ses membres se décèlent eux-mêmes, et qu'ils sont connus ; que la force de ce comité directeur repose sur les loges maçonniques qui correspondent avec lui, et entre elles ; sur les soi-disant commis voyageurs chargés de leur transmettre ses ordres et instructions ; sur les réunions clandestines qui ont lieu, tant à Paris que dans les départemens ; et enfin sur les journaux qu'il a associés à ses criminelles espérances ; mais que le gouvernement veuille demain : bientôt toutes les bases de cette monstrueuse organisation s'écrouleront avec elle, et la monarchie sera sauvée.

CHAPITRE VI.

DE L'OPINION PUBLIQUE CRÉÉE PAR LES JOURNAUX.

Nous avons sans doute de très-bons journaux ; mais ils sont en trop petit nombre, et trop peu répandus pour influer sur l'opinion de la multitude : il n'en est pas de même de ceux de l'opposition ; on les trouve partout ; et trop rassurés, par la faiblesse de notre législation, sur les délits de la presse, ils se multiplient à l'infini.

Le *Journal des Débats* est, sans contredit, celui qui a le plus contribué à pervertir l'opinion publique. D'abord, il a essayé de faire de l'opposition royaliste ; mais vivement blessé des résistances qu'il a éprouvées, il s'est jeté dans les bras du libéralisme qui doit, comme on le sait, à ce transfuge, la plus grande partie de ses succès. En vain lui a-t-on crié de toutes parts qu'il avait tenu un langage tout-à-fait opposé à telle ou telle époque : il n'en a été que plus ardent à combattre les vérités qu'il avait défendues avec autant de zèle que de talent ; et ses abonnés qui n'ont pas connu, ou qui n'ont pas voulu connaître les véritables motifs de sa défection, ont fini par le croire sur parole.

On sait que Mithridate s'est accoutumé par degrés à l'usage des poisons même les plus actifs : tel est en politique, comme en morale, l'effet que produisent les mauvais ouvrages ; et le *Journal des Débats* peut se féliciter d'avoir aidé, plus qu'aucun de ses confrères, à corrompre l'opinion publique.

Après avoir cherché à décréditer le ministère actuel, sans pouvoir y parvenir, les journaux révolutionnaires conspirent aujourd'hui contre l'impôt. Des associations criminelles s'organisent sous l'égide du comité directeur ; et, comme avec de l'argent on peut tout oser, nous ne serions pas surpris de voir, dans quelques mois, des individus refuser de payer l'impôt, autant par goût, que pour ne pas déplaire au député ou à l'électeur dont ils dépendent par leur position sociale.

Alors, n'est-il pas évident qu'on veut encore insurger le peuple contre l'autorité du monarque, et que les factieux calculent sur les nouveaux désastres qu'ils préparent pour renverser la monarchie ?

Pour déjouer leurs coupables machinations, il faudrait qu'il existât en France ce qui existe chez toutes les nations civilisées : il faudrait des lois ou des ordonnances qui réprimassent avec vigueur la témérité de ces écrivains incendiaires, qui provoquent si visiblement la révolte et l'anarchie; mais ces lois et ces ordonnances n'ont pas encore été rendues; le magistrat gémit de leur absence, et son dévouement devient presque inutile à la sûreté du trône et à la défense de nos libertés publiques. Les journalistes qui, la plupart, n'ont rien à perdre, et qui n'ont à redouter que des amendes que le libéralisme se charge de payer, et quelques mois de prison dont ils sont richement indemnisés, marchent avec assurance vers cette nouvelle révolution, qui est pour eux l'étoile du bonheur; et ils ne s'arrêteront que lorsqu'ils seront parvenus à détruire les obstacles qui s'opposent à leurs desseins.

Au défaut de lois répressives de la licence de la presse, ne pourrait-on pas essayer d'éclairer cette opinion publique depuis si long-tems abandonnée à toutes les séductions du journalisme? On conçoit aisément les obstacles que présente aujourd'hui l'exécution de ce projet; mais il ne faut, pour les surmonter, qu'une volonté ferme, persévérante et invariable.

Après avoir défini dans le chapitre suivant l'opinion publique, telle que nous la concevons, nous indiquerons quelques moyens qui nous paraissent devoir contribuer à opérer cette régénération qui est l'objet des vœux de tous les amis de l'autel et du trône.

CHAPITRE VII.

DE LA VÉRITABLE OPINION PUBLIQUE.

La véritable opinion publique est la glace qui réfléchit fidèlement les idées prédominantes d'une nation. Cette opinion prend naissance dans le cabinet du monarque. Le Roi en confie l'existence et l'aliment à ses ministres qui la transmettent aux tribunaux, aux administrations civiles et militaires. Elle se développe et se fortifie ; elle dégénère et se corrompt, suivant le plus ou moins de probité des fonctionnaires chargés de la répandre. Elle devient, entre leurs mains, le gage de la paix et de la prospérité, ou le fléau le plus terrible.

L'opinion publique nous paraît devoir être aujourd'hui dirigée en France vers la religion qui enseigne à l'homme tous ses devoirs, et vers la Charte qui garantit ses droits.

On peut lui donner cette impulsion par les journaux, par les théâtres, par la force de l'exemple, par de sages institutions, par l'éducation, par d'utiles contre-poids ; enfin, par le clergé, en unissant à la mission divine dont il est chargé, cette seconde mission politique si digne de son dévouement.

Plusieurs ministres du Roi ont essayé, depuis la

restauration, d'améliorer l'opinion publique ; mais ils n'ont obtenu que de très-faibles succès, parce qu'ils n'ont point été assez puissamment secondés par l'administration dont le premier devoir sera toujours de concourir au grand œuvre de cette régénération qui, seule, peut calmer les passions.

Il serait peut-être à désirer qu'il existât à Paris une direction générale de l'opinion publique, qui serait spécialement chargée, à l'aide de ses fréquentes communications avec les préfets, de lui donner l'impulsion qu'elle doit avoir.

Alors on verrait bientôt s'établir une ligne de démarcation très-facile à saisir, entre le fonctionnaire public attaché à la religion, au Roi et à la Charte, et celui qui leur est contraire ; parce que l'opinion d'un département, d'un arrondissement, d'un canton ou d'une commune est bonne ou mauvaise, à raison des principes des administrateurs qui les dirigent.

Nous ne craignons pas d'assurer que si cette direction générale de l'opinion publique eût été établie lors de la restauration, la France aurait été infailliblement préservée de ces oscillations politiques qui énervent sa force morale, et inspirent une juste défiance à toutes les puissances de l'Europe.

CHAPITRE VIII.

DES NOUVEAUX MINISTRES.

Lorsqu'on lit les nombreuses déclamations qui ont été imprimées, depuis le 8 août dernier, contre les ministres récemment nommés par le Roi, on ne sait comment qualifier cette fureur toujours croissante, contre des hommes justement célèbres par leur constante fidélité aux Bourbons.

Au surplus, les motifs de la grande colère des libéraux ne sont pas difficiles à reconnaître. On sait qu'ils avaient composé dans leurs salons un ministère sur lequel ils fondaient leurs plus chères espérances, et que déjà riches par le prestige de leur imagination des nouvelles concessions qu'ils devaient réclamer dans la session prochaine, ils se flattaient de parvenir à renverser les résistances que le dernier ministère leur avait opposées; mais comme il s'agissait de rendre à la religion, à la monarchie et à nos institutions, ce qu'on leur a fait perdre, et surtout d'empêcher qu'on n'empiétât davantage sur les droits de la couronne, le monarque en a jugé autrement : il a choisi, pour ses conseillers, des hommes dévoués à son auguste personne, et à nos libertés publiques, qui réunissent les talens et la fermeté nécessaires pour répondre, en toutes circonstances, aux besoins de ses peuples, et déjouer les machinations que les factieux pourraient encore essayer contre l'autel et le trône.

Voilà sans doute des motifs bien puissans d'indignation pour les libéraux ; car, en un instant toutes leurs espérances se sont évanouies. Maintenant, que va devenir pour eux cette devise si chère : *Aide-toi, le ciel t'aidera ?...* Le Roi, qui est pour nous une seconde providence, a tellement déconcerté leurs mesures, qu'ils ne savent plus de quels moyens user pour se maintenir dans les positions qu'ils avaient obtenues, et retarder leur défaite. Mais, s'ils se vengent par anticipation de l'incertitude que leur présente l'avenir, dévoilons leur perfidie, en récapitulant, autant que possible, les inculpations qu'ils ont dirigées contre des ministres, dont l'intégrité, l'attachement à la religion, au Roi et à la Charte, offrent à la France, et même à l'Europe les plus fortes garanties.

CHAPITRE IX.

DES INCULPATIONS DIRIGÉES CONTRE LE NOUVEAU MINISTÈRE.

De M. le prince de Polignac.

M. le prince de Polignac a été étranger à toutes les factions qui ont déchiré la France; et comme cette pureté de principes est aux yeux des libéraux un crime difficile à pardonner, ils l'accusent *de ne pas aimer la Charte*, *d'être un élève des monarchistes de 1788, un absolutiste dévot, et l'ami du duc de Wellington*. Discutons ces griefs; et apprécions-les à leur juste valeur.

1º M. le prince de Polignac n'aime pas la Charte. Où est écrite la preuve de cette assertion? N'a-t-il pas juré, après mûr examen, d'y être fidèle? Que faut-il de plus aux libéraux? Jugeraient-ils de sa sincérité, d'après la conduite qu'ils ont tenue à toutes les époques de la révolution, et depuis la restauration? Ils se tromperaient beaucoup; car ce soi-disant *absolutiste dévot* a toujours été si rigide observateur de ses engagemens, qu'on ne doit pas présumer, sans commettre l'injustice la plus grave, qu'il ne remplira pas avec le même zèle et la même persévérance , les obligations qu'il a contractées comme pair de France.

2° Il a été élevé par *des monarchistes de* 1788 : tant mieux ; il n'en défendra qu'avec plus de chaleur les droits de la couronne , et c'est peut-être ce que les libéraux redoutent le plus.

3° Enfin , il *est l'ami de M. le duc de Wellington* , et ils en concluent qu'il sera l'ennemi *de la gloire de son pays* : s'il n'est question que de celle des libéraux, nous le concevons aisément ; mais comme ils ne forment qu'une petite portion de la France, nous déduirons de l'amitié qui unit M. le prince de Polignac à M. le duc de Wellington une conséquence tout-à-fait opposée à celle qu'ils en ont tirée, et nous dirons que cette amitié qui existe entre les deux chefs des cabinets de Paris et de Londres ne peut que nous être très-avantageuse, parce qu'elle devient le gage le plus sûr de la paix et de la pacification de l'Europe.

On aperçoit aisément dans cette attaque du libéralisme contre M. de Polignac les traits de l'envie et du dépit d'une faction dont toutes les espérances ont été trompées. Mais que peut cette basse et ridicule critique contre la vie entière de l'honorable prince ?

—

De M. le comte de la Bourdonnaye.

D'abord convenait-il à des individus qui demandaient il y a quelques mois la destitution de tous les royalistes, à ces propagateurs des doctrines révolutionnaires dont les devanciers ont fait fusiller, guillotiner, noyer, déporter et emprisonner en masse tant de défenseurs de la religion et de la légitimité, de protester aujourd'hui contre les catégories qui ont été proposées en 1815 par M. le comte de la Bourdonnaye, pour appeler la vengeance des lois sur la tête de ces grands coupables dont les nouveaux forfaits avaient effrayé le monde?

Ces catégories n'ont-elles pas été approuvées à cette époque par les sept huitièmes de la France, et n'était-il point excusable, pour ne pas dire plus, le député qui proposait de pareilles mesures dans les circonstances où nous nous trouvions?

Alors les armées des alliés couvraient notre territoire, nos places fortes étaient envahies, la désolation régnait partout; et toutes les plaies faites par l'usurpation saignaient encore. Le fidèle qui arrivait de Gand ou de la Vendée, comme celui qui sortait des cachots, se trouvait forcé de contribuer au paiement des frais d'une guerre injustement organisée contre la légitimité; enfin il n'existait pas en France une famille qui ne versât des larmes amères sur les pertes plus ou moins douloureuses qu'elle avait éprouvées.

Quelques autres publicistes se sont élevés, à cette époque, comme l'a fait M. le comte de la Bourdonnaye, contre les auteurs de ces désastres : les libéraux ont respecté les opinions de ces hommes courageux. Il en est même qui sont aujourd'hui l'objet de leur prédilection. Il paraît donc évident qu'ils ne se liguent avec autant de véhémence contre M. le comte de la Bourdonnaye, que parce qu'ils redoutent ses talens, sa fermeté et surtout l'invariabilité de ses principes?

S'il n'en était pas ainsi, d'où pourraient naître les causes de ce ridicule effroi que les libéraux cherchent à inspirer contre ce ministre ? C'est, disent-ils, un *absolutiste politique* et un *profond logicien*. De tels reproches sont vraiment dignes de pitié; car malgré la malignité avec laquelle ils interprètent et parodient ces qualifications, on n'y trouve que le gage de la plus profonde sécurité pour l'avenir. En effet, nous avons eu, depuis la restauration, tant de ministres *à bascule*, tant de sophistes, tant d'hommes à systèmes, tant de brillans et dangereux phrasiers, tant d'écrivains anti-monarchiques et tant d'administrateurs faibles et indécis, qu'en vérité il était bien tems que M. le comte de la Bourdonnaye arrivât au ministère de l'intérieur pour user de son *absolutisme politique* et de sa *bonne logique*, toujours en harmonie avec nos institutions, pour faire oublier les torts de quelques-uns de ses prédécesseurs, donner à l'administration une fixité de principes et d'action, sans laquelle il n'y aurait jamais à espérer de gloire ni de prospérité réelles.

De M. le comte de Bourmont.

Que la nomination de M. le comte de Bourmont au ministère de la guerre ait jeté l'alarme dans le camp ennemi, nous n'en sommes pas surpris; mais que les libéraux osent appeler *défection* ce que l'honneur lui a prescrit si impérativement : c'est ce que nous ne pouvons concevoir.

Au surplus, on sait que nos adversaires ont adopté une dialectique qui, émanant de leurs principes, en prend toute la couleur et l'expression. Chez eux la religion est fanatisme, la royauté despotisme, le mensonge vérité, la moralité hypocrisie, la liberté licence effrénée, et la fidélité trahison. Alors il aurait été surprenant que M. le comte de Bourmont eût échappé à cette déception inventée pour séduire la multitude.

Assez d'autres écrivains ont rendu compte de l'honorable conduite de M. le comte de Bourmont pendant son émigration, et lorsqu'il commandait les royalistes du Maine et du Perche. En conséquence, nous ne parlerons que de ses services sous Bonaparte, et des faits sur lesquels s'exerce la malignité des libéraux pour chercher à le rendre odieux à l'armée et à toute la France.

M. le comte de Bourmont prit, comme on le sait, du service sous Napoléon, à son retour du Portugal, et fit les campagnes de 18r3 et 18r4 ; d'abord en qualité de colonel-adjudant-commandant, puis comme général de brigade, et enfin comme général de division ; il a gagné ces deux derniers grades sur le champ de bataille. On connaît sa belle défense de Nogent, et il n'est pas un officier ni même un soldat de cette époque qui ne rendent justice à sa bravoure et à ses talens militaires.

L'auguste famille des Bourbons rentre en France : M. le comte de Bourmont abandonne, par devoir et par inclination, la cause de l'usurpateur, et renouvelle son serment de fidélité à Louis XVIII. Il commandait la 6ᵉ division militaire à Besançon, lorsque Bonaparte, débarqué à Cannes, en mars r8r5, s'avançait vers la capitale. Il reçoit du Roi l'ordre de rejoindre le maréchal Ney. Témoin de l'entière défection de l'armée, il en conçut un véritable chagrin ; mais que pouvait-il en présence de tant de passions et d'ennemis conjurés contre la légitimité ?

Incertain sur le parti qu'il devait prendre, il revient à Paris où ses angoisses se renouvellent et se multiplient à chaque instant. A la veille d'être arrêté et peut-être fusillé, à raison de son attachement bien connu pour les Bourbons ; sans cesse surveillé par les sbires de la police de Fouché, qui n'avait pu lui pardonner son évasion de la citadelle de Besançon, et ne pouvant plus s'échapper de la France sans s'exposer aux plus graves dangers, il se résigne à redemander du service à l'usurpateur. Celui-ci hésite ; car il connaît la fidélité avec laquelle il l'a servi lui-même, et redoute, avec raison, le souvenir de celle que la présence des Bourbons en France a dû réveiller dans le cœur de M. le comte de Bourmont. Enfin, il obtient le commandement de la 2e division militaire, et part pour la Flandre.

Son ame est obsédée, pendant le voyage, des idées les plus pénibles. Combattra-t-il pour Louis XVIII, ou pour Bonaparte ? Dans le premier cas, que pensera de lui cette armée rebelle qui poursuit et abjure son roi légitime : et, dans le second, ne sera-t-il pas en horreur à son prince, à lui-même et à ses anciens frères d'armes, à ces Vendéens * toujours dé-

---

* Les libéraux feignent d'ignorer que tout individu qui a servi dans les armées royales de la Vendée, du Haut-Anjou, de la Bretagne, de la Normandie, du Maine et du Perche, est porté sur les contrôles de l'honneur et de la fidélité, sous le nom générique de *Vendéen;* que la chouannerie a été organisée, en 1794, par des généraux et officiers vendéens échappés aux désastres du Mans et de Savenay; qu'enfin la *Vendée militaire* associe à sa gloire tous les braves qui, comme elle, ont défendu dans ces diverses armées la cause sacrée de la légitimité.

voués, qui semblent déjà lui reprocher son apparente perfidie ?

D'ailleurs la patrie de M. le comte de Bourmont n'est plus cette belle France veuve de son Roi, elle est avec Louis XVIII. Son souverain est fugitif et malheureux ; et la présence d'un fidèle de plus adoucira peut-être les chagrins qu'il éprouve. Alors, ne consultant que l'honneur, il s'élance vers la terre de l'exil à laquelle son infortuné monarque a confié son existence et ses douleurs.....

C'est cette conduite, si digne d'éloges, que des factieux qualifient de désertion, parce qu'elle imprime une tache indélébile sur les audacieux partisans de l'usurpation, sur ces hommes qui, pour se justifier de la violation du serment qu'ils avaient prêté à leur souverain légitime, ne craignent pas d'appeler traître à son pays, celui qui s'est immolé tout entier pour donner au monde l'exemple du plus rare dévouement.

Ce n'est pas tout encore ; ils accusent M. le comte de Bourmont d'avoir livré, en juin 1815, aux alliés les plans de campagne. Cependant ils savent que souvent Bonaparte ne les créait et ne les développait que sur le champ de bataille ; et que lorsqu'ils avaient été arrêtés d'avance, ses ordres n'étaient communiqués à ses généraux que dans la nuit qui précédait le combat, ou même quelques heures auparavant. Alors comment M. le comte de Bourmont aurait-il pu emporter des plans qu'il n'a jamais eus à sa disposition, et qu'il ne pouvait même connaître ? Mais peu importe : cette calomnie était utile aux libéraux ; ils se sont empressés de la répandre. Qu'on leur demande la preuve du fait qu'ils avancent ; et, suivant leur usage, ils garderont le silence : mais poursuivons.

Bonaparte commet à Waterloo l'erreur la plus grave, en signalant une forte colonne de Prussiens pour celle du général Grouchy. Cette erreur cause la déroute complète de son armée ; et les libéraux qui, comme on le sait, sont les meilleures gens du monde, attribuent ce désastre à M. le comte de Bourmont..... On peut juger par ce fait de la bonne foi des libéraux.

Enfin, M. le comte de Bourmont est forcé de comparaître dans l'affaire du maréchal Ney. Témoin de la défection de l'armée, il a été obligé de révéler ce qu'il avait vu et entendu. Il n'a pas déposé seul contre le maréchal. Beaucoup d'autres ont attesté les mêmes faits. On se rappelle encore que la chambre des pairs, où le maréchal Ney comptait de nombreux amis, a examiné et discuté toutes les dépositions des témoins avec l'impartialité que commandait la position de l'accusé, et que tous les pairs de France, à l'exception d'un seul, ont reconnu sa culpabilité. Aujourd'hui les libéraux rejettent le malheur de ce procès sur M. le comte de Bourmont.....
Qui ne serait pas indigné de cette épouvantable in-

culpation, bien digne de figurer avec celles que nous venons de décrire ?

Hommes des cent jours qui osez soulever une tombe couverte de lauriers, et remuer une cendre qui vous accuse, rien n'est donc sacré pour vous ! L'infortuné maréchal, dont les royalistes mêmes ont déploré la destinée, était de bonne foi, lorsqu'il a quitté le Roi et la capitale. Vos perfides conseils ont causé sa perte ; ce sont vos propres mains qui l'ont assassiné ; et chaque goutte de son sang crie vengeance contre vous.....

C'est à regret que nous rappelons des souvenirs aussi pénibles. Mais il était utile de faire connaître la vérité. Que le lecteur juge et prononce !

⎯⎯⎯⎯⎯⎯

De M. Courvoisier.

M. Courvoisier a tout à la fois prouvé son dévouement au Roi, en se réunissant aux émigrés ; et sa bravoure, en méritant la croix de Saint-Louis, par une action d'éclat.

Rentré en France en 1815, son attachement au monarque et à nos libertés publiques ne s'est jamais démenti dans les diverses fonctions qu'il a remplies, comme député et comme magistrat ; et c'est pourquoi les libéraux n'ont pas oublié de lui faire partager les injures qu'ils ont adressées à tous les membres du nouveau ministère ; mais comme sa conduite a toujours été irréprochable, ils ont cherché à déverser sur lui le ridicule, en le déclarant *maniaque* par excès de dévotion. Ce reproche est plus que bizarre, lorsqu'on sait que M. Courvoisier réunit à une piété solide toutes les qualités sociales, et des talens que ses antagonistes ont souvent admirés.

Ne doit-on pas s'étonner que, sous le Roi très-chrétien, fils aîné de l'église, des écrivains se permettent de publier de pareilles sottises, et que les lois se taisent, lorsque l'impiété se prononce avec une impudence aussi révoltante?

De M. le comte de Chabrol de Crouzol.

Si le nom de M. le comte de Chabrol de Crouzol rappelle des services rendus à Bonaparte, il n'en est pas moins sur la première ligne de ces hommes dévoués qui, depuis la restauration, ont donné des preuves irrécusables d'attachement aux Bourbons. Que les libéraux l'accusent, nous n'en sommes pas surpris; car ils doivent lui conserver rancune. Mais qu'il se console de cette ridicule inculpation! M. de Chabrol de Crouzol, et tous les Français qui, comme lui, ont abandonné le drapeau tricolore, pour se ranger de bonne foi sous celui de la fidélité, seront toujours chers aux amis de l'autel et du trône.

D'ailleurs, M. le comte de Chabrol de Crouzol a été ministre de la marine. Royalistes et libéraux ont

rendu un hommage mérité à la sagesse de son administration ; et il y a plus que de la folie à l'attaquer
avec tant d'injustice, lorsque sa loyauté et ses services le justifient si évidemment aux yeux du Roi et
de la France.

De M. le baron de Montbel.

M. le baron de Montbel a défendu avec la plus
admirable persévérance M. de Villèle et les jésuites.
Que fallait-il de plus, pour lui mériter la haine de
tous les hommes irréligieux et anti-monarchiques ?

Les libéraux savent encore que, placé à la tête de
l'instruction publique, il saura la purger de tous les
élémens de matérialisme qu'elle a reçus, et de ces
funestes doctrines qui préparent la ruine des em-
pires. Que de motifs pour appeler sur lui toutes les
fureurs d'une faction qui sait par expérience que la
mauvaise éducation est la première cause des révolutions !

En effet, l'instruction publique est pour les états
ce que les alimens sont à l'homme. Si ces alimens
sont viciés, il dépérit insensiblement, et sa mort
prématurée atteste les causes qui l'ont produite.
Donnez à la jeunesse une instruction qui n'ait pas
la religion pour base, et vous verrez bientôt la
France, déchirée par les partis qui la torturent aujourd'hui, encore une fois veuve de son Roi légi-

time, se consumer pendant un quart de siècle dans les convulsions d'une longue et douloureuse agonie.

Mais comment admettre la possibilité d'apporter dans toutes les parties de l'éducation des améliorations si nécessaires, lorsque les successeurs des Apôtres auxquels J.-C. a dit : *Ite et docete omnes*, ont perdu la suprématie que la sage prévoyance de Louis XVIII leur avait conservée sur l'instruction publique ?

Avant cette époque si fatale à la religion, vingt mille pères de famille souriaient aux progrès de leurs enfans. Ils admiraient surtout dans des êtres si chers à leur tendresse cette docilité qu'aucune école n'avait inspirée depuis long-tems. Ces enfans aimaient sincèrement Dieu et le Roi ; ils étaient soumis sans servilité. On ne leur enseignait d'autre philosophie que celle de la religion. Ils ne connaissaient que la liberté consacrée par le christianisme. Leur savoir était dépouillé de la malignité de l'orgueil, plus à redouter, au sein des états, que toutes les ténèbres de l'ignorance; et nos rois allaient jouir, comme autrefois, de l'avantage inappréciable de régner par anticipation sur la génération naissante..... Inutiles espérances ! le libéralisme a vomi ses laves impures sur ces précieux établissemens : instituteurs, élèves, principes consolateurs de la religion et de la monarchie, tout a disparu ; et les théories d'une fausse philosophie ont succédé à ces vérités dogmatiques que l'homme ne pourra jamais arracher du code des nations, sans appeler sur elles la vengeance du ciel, et tomber lui-même victime de son orgueilleuse témérité. Revenons à M. de Montbel.

Il se trouve placé, comme ministre des affaires ecclésiastiques et de l'instruction publique, entre cette religion que la voix unanime de dix-huit siècles proclame la règle constante des mœurs, la mère de toutes les vertus, la sanction de tous les devoirs, l'effroi du crime et le frein des passions ; la seule école vierge qui ne sait pas plus flatter l'orgueil des grands que mentir à la multitude, et qui est le gage infaillible de la paix des nations : et ce libéralisme qui, nouveau Protée, prend toutes les formes, étudie tous les goûts pour mieux séduire tous les âges, et corrompre toutes les conditions ; se constitue juge des réputations et des talens ; rampe ou s'élève suivant les circonstances ; ennoblit les vices du cœur comme ceux de l'esprit ; impose des lois aux souverains et à leurs ministres ; transige avec toutes les sectes, et fraternise avec tous les désordres, pour asservir les rois et les peuples.

Telle est la position de M. le baron de Montbel. Les libéraux présument avec raison qu'il ne s'identifiera pas, pour leur complaire, à leurs séditieuses maximes : *inde iræ.*

Sa devise a toujours été : *Dieu et le Roi.* Espérons qu'elle deviendra aussi celle des générations qui s'a-

vancent ; et que nos enfans jouiront , par ses soins ,
de cette éducation religieuse et monarchique qui ,
seule , peut les garantir de la perversité du siècle
présent , et leur assurer le bonheur.

De M. l'amiral de Rigny , et de M. le baron d'Haussez.

Les libéraux avaient annoncé que M. de Rigny
n'accepterait pas le ministère de la marine parce que
sa réputation se trouverait compromise dans le cas
où il se réunirait aux ministres actuels ; mais l'in-
discret auteur du *Feu partout !* en nous menaçant des
vieilles et fortes épées dont nos pères se servirent à
Valmy, à Fleurus et à Jemmapes , nous dit qu'on ra-
conte , entre autres motifs de refus du vainqueur de
Navarin , le fait suivant :

« A son arrivée à Paris, M. de Rigny reçut la visite
de M. le baron L*** , son oncle, auquel il doit en
partie sa fortune militaire : « Monsieur, lui dit le
» baron , en l'abordant , vous êtes mon neveu et mon
» héritier, j'ai onze cent mille francs de rente ; si
» vous acceptez le ministère qu'on vous offre, demain
» je fais mon testament et je vous déshérite : choi-
» sissez. »

Que M. de Rigny, si le fait est vrai, qui n'a jamais reculé de sa vie , ait été un peu ébranlé par la
bordée imprévue de son oncle, nous le concevons fa-

cilement ; cependant nous aimons mieux croire qu'il aura plutôt été étrangement surpris de la situation critique dans laquelle les libéraux ont placé la France ; et qu'aussi peu habitué à l'étiquette de la cour, qu'il est accoutumé à tous les genres de gloire, il aura préféré courir encore le hasard des combats, pour y cueillir de nouveaux lauriers.

Quant à M. le baron d'Haussez, que le roi a daigné appeler au ministère de la marine en remplacement de M. de Rigny, il n'a pas été plus épargné par le libéralisme que ses collègues. Cependant, comme l'embarras de ses ennemis était grand, lorsqu'ils n'ont pu reconnaître en lui qu'une sage modération et une conduite toujours en harmonie avec nos institutions, ils l'ont accusé de *nullité*. Nous croyons ne pouvoir mieux répondre à cette ridicule inculpation qu'en rappelant les faits suivans consignés, en novembre 1828, dans un estimable journal.

« Un des administrateurs les plus éclairés, M. le
» baron d'Haussez, préfet de la Gironde, a été l'ob-
» jet de quelques intrigues ourdies par les hommes
» de la défection, et qui tendaient à provoquer sa des-
» titution. Des habitans notables de Bordeaux ont
» adressé à M. le Ministre de l'intérieur une pétition
» pour demander sa conservation. Cette manifestation
» de la reconnaissance publique n'a été critiquée que
» par le *Mémorial bordelais*, critique honorable sans
» doute, puisque, pendant douze ans, ce journal a

» dédaigné de défendre les doctrines constitution-
» nelles. »

Convenons que M. le baron d'Haussez est bien assez vengé de la stérile agression des libéraux par
la reconnaissance des Bordelais et les regrets que
son départ a occasionés dans le département de la
Gironde ; et que, dans cette circonstance, comme
dans beaucoup d'autres, la judiciaire de ses antagonistes a donné une grande preuve de *sa nullité*.

CHAPITRE X.

DE M. MANGIN.

On s'est rappelé la vigueur que le nouveau préfet de police a déployée comme procureur général
près la cour de Poitiers, lors du procès du général
Berton, qui fut encore une victime du libéralisme :
alors il n'en fallait pas davantage pour que les démagogues de toutes les classes se déchaînassent contre
lui. On croirait même, si l'on en juge par la fureur
des assaillans, que quelques libéraux redoutent ses
souvenirs.

Quoi qu'il en soit, M. Mangin connaît la mesure
de ses devoirs, et il répondra, comme il l'a toujours
fait, à la confiance du roi.

Sa nomination à la préfecture de police est tout à la fois le gage de la paix et le signe certain d'une sage résistance, si les circonstances l'exigeaient. Nous concevons aisément que cette double garantie ne peut être agréable aux libéraux ; mais les honnêtes gens y trouveront du moins des motifs de sécurité pour l'avenir ; et ils se reposent avec raison sur la justice et la fermeté du magistrat dévoué à qui le monarque a daigné déléguer d'aussi importantes fonctions.

CHAPITRE XI.

DE LA QUESTION FAITE AUX NOUVEAUX MINISTRES,
PAR LES LIBÉRAUX.

Que feront les ministres ? Telle est la question que les journaux du parti leur adressent, et tous déclarent « que ce ministère se trouve placé entre deux » impossibilités : celle de pouvoir exister sans coups » d'état, et celle de faire des coups d'état sans com— » promettre le repos de la France. D'ailleurs com— » ment supportera-t-il la presse *terrible* et *indignée* » comme elle est? Comment supportera-t-il la pré— » sence de la chambre de 1827, et comment la dis— » soudre, quand il est *évident* que les électeurs ren— » verraient une chambre plus *forte* et plus *hardie ?* »

Voilà sans doute des motifs bien *puissans* d'inquié-
tude pour le ministère ; mais nous ne croyons pas
qu'il en soit effrayé.

D'abord, nous présumons que sa conduite dépen-
dra nécessairement de celle que tiendront les ennemis de la monarchie ; et il ne souffre aujourd'hui avec
autant de modération leurs virulentes diatribes que
parce qu'elles ne peuvent l'atteindre, et qu'il réserve
toutes ses forces pour un moment plus décisif.

Nous croyons que les coups d'état sont encore loin
de sa pensée ; mais si on le plaçait dans la nécessité
d'en user, les libéraux auraient-ils le droit de s'en
plaindre ?

En effet, qu'ils relisent les articles qu'ils ont fait
imprimer dans leurs journaux depuis l'installation du
nouveau ministère, et les pamphlets scandaleux qu'ils
ont publiés contre des hommes qu'ils n'accusent aujourd'hui de torts imaginaires, que parce qu'ils con-
naissent leur dévouement au roi et à nos institutions ;
et qu'ils nous disent s'ils n'auraient pas déjà bien mérité qu'on paralysât l'action de ces presses séditieuses
qui sèment partout le désordre, la diffamation et l'a-
narchie ?

D'ailleurs, en quoi consiste donc cette force dont
ils se targuent avec tant d'orgueil ? Ne dirait-on pas,
quand on lit leurs impétueux manifestes, que ce sont
autant de géans qu'aucune puissance humaine ne
peut renverser ? Mais qu'ils se détrompent : leur exis-

tence éphémère dépend d'un fil que la volonté du roi peut rompre demain.

En effet, cette domination toute révolutionnaire qu'ils préconisent avec tant de véhémence résulte uniquement de la loi qui a rétabli la liberté, ou plutôt la licence de la presse; de celle qui a placé le sort des élections dans les mains du comité-directeur, de la dangereuse influence de ses journalistes, et surtout de cette chambre de 1827, qui, par la faiblesse de nos derniers ministres, nous a fait rétrograder en 1791.

Que demain le roi veuille bien suspendre, jusqu'à plus ample examen, l'effet des deux lois que nous venons de citer; que la chambre élective soit dissoute; que le comité-directeur soit réduit à l'impossibilité de nuire; que de nouvelles élections soient convoquées, et que la censure soit provisoirement rétablie, la révolution sera repoussée jusque dans ses derniers retranchemens, et la France jouira bientôt de la plus profonde tranquillité.

Ce serait en vain que les libéraux voudraient contester cette faculté au monarque; car s'il a, par la Charte, l'initiative sur tout ce qui constitue la législation, et une supériorité dominatrice sur les deux autres pouvoirs dont il est le chef suprême, il peut, à plus forte raison, *quand la sûreté de l'état l'exige*, user de cette initiative pour ordonner la suspension de telle ou telle loi; et c'est dans cette conséquence, qui dérive si naturellement de l'art. 14 de notre pacte fondamental, qu'on aime à reconnaître le génie supérieur du vénérable auteur de nos institutions.

Nous prions le lecteur de ne pas nous supposer l'intention de donner ici au ministère des conseils dont il n'a pas besoin. Nous n'avons voulu que prouver aux libéraux combien ils sont faibles et petits en présence de cette puissance du monarque, qui, d'un seul mot, peut les condamner au silence. Puisse cette leçon ne pas être perdue pour eux !

CHAPITRE XII et dernier.

VOEUX DES ROYALISTES.

M. Benjamin Constant a comparé les royalistes à ces anguilles que dépouillait une cuisinière, et qui devaient, disait-elle, y être accoutumées, parce qu'elle exerçait leur patience depuis trente ans.

Grand merci de l'à propos, et surtout de l'*ingénieuse* comparaison de M. Benjamin Constant ; mais n'est-ce pas blesser toutes les convenances, et même abjurer tout sentiment d'humanité que de s'égayer avec un cynisme aussi révoltant sur l'infortune de vieux royalistes dont la tombe va s'ouvrir ; et qui, comme les anguilles de l'honorable député, souffrent sans se plaindre depuis si long-tems.

Au surplus, les véritables royalistes ont l'extrême générosité de ne pas attaquer, ni même de désigner les auteurs de leurs privations; ils en appellent à leur conscience, et se vengent des sarcasmes des libéraux en restant fidèles à la plus noble cause, et surtout en vouant pour jamais au mépris public ces transfuges qui se sont couverts d'une tache indélébile en se livrant aux chefs d'une faction dont ils seraient les premières victimes, si le succès répondait à ses espérances.

En attendant les événemens dont les libéraux menacent la monarchie avec une insolence qu'on ne peut qualifier, les royalistes veillent, et n'expriment leurs regrets et leurs vœux que par ces mots : *Ah! si le roi le savait!...* Et ces paroles s'appliquent encore plus aux désastres que la licence de la presse veut accumuler sur notre malheureuse patrie, qu'à leurs propres besoins.

Ils désirent qu'un nouveau Sully soit assez courageux pour dévoiler au digne petit-fils de Henri IV la véritable position de la France; que la Charte octroyée par Louis XVIII ne soit pas privée chaque année d'une portion de ses attributs; que la religion et la couronne conservent toutes les prérogatives que cette Charte leur a garanties; enfin ils espèrent du ministère actuel cette paix intérieure sans laquelle la France ne pourrait obtenir aucun genre de prospérité.

Tels sont les vœux des royalistes. Si les libéraux les traitent encore de *factieux*, ils s'en consoleront aisément ; car Charles X est leur chef suprême. Que le roi veuille bien dire, comme son auguste aïeul : *Qui m'aime me suive !* et bientôt des phalanges aussi nombreuses que dévouées marcheront sous la bannière d'un monarque qui réunit à toutes les qualités du cœur et de l'esprit une religion éclairée, l'honneur des plus preux chevaliers, une fermeté que nos adversaires auraient dû ne pas oublier, un respect profond pour nos institutions, et le plus ardent désir de rendre ses peuples heureux.

Nota. Nous avons retardé depuis vingt jours la publication de cette brochure, parce que nous présumions que les libéraux deviendraient moins ardens à persécuter le ministère ; mais comme il n'en est rien, nous la livrons au public.

Puisse-t-il apprécier nos intentions, et se prémunir plus que jamais contre les jongleries d'une faction qui ne sème encore des tempêtes que pour moissonner de nouveaux forfaits !

FIN.